Más que triste

Sentimientos después de la muerte de alguien especial

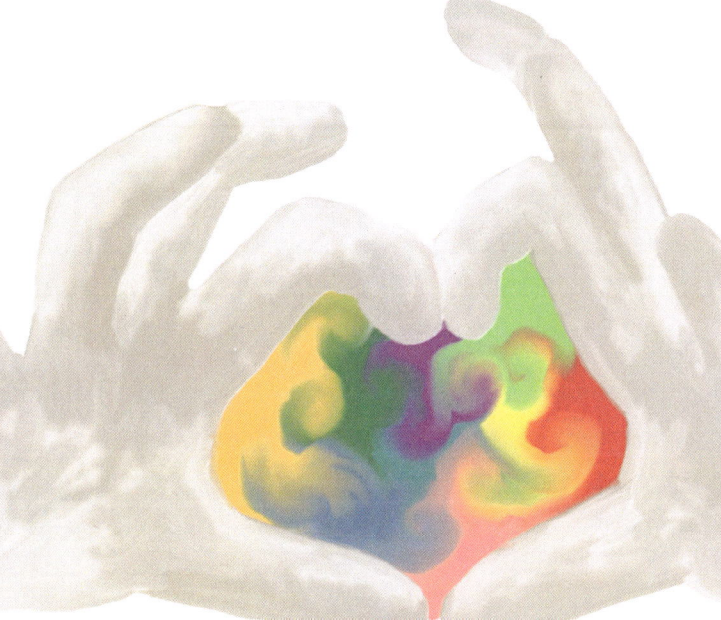

Traducción al español
por Martha Elena Romero

Escrito e ilustrado por
Laura Camerona, CCLS
En

Comisionado por:

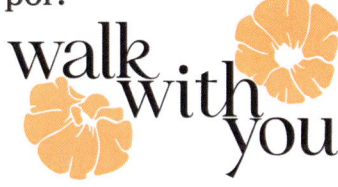

Words Worth Repeating
www.wordsworthrepeating.com

Número de Control de la Biblioteca del Congreso (Library of Congress Number): 2026931870

Este libro está pensado para ser leído a un niño por un adulto de confianza.
Los consejos y las palabras que contiene podrían no ser adecuados para todos los
niños o para todas las situaciones. En situaciones especialmente estresantes o
complejas, la autora sugiere consultar a un profesional de la salud mental.
Libro recomendado para niños de 4 a 12 años.

ISBN Paperback: 979-8-9921012-7-0

www.wordsworthrepeating.com
Des Moines, IA

Cosas que los adultos deben tener en cuenta al leerle este libro a un niño en duelo:

- Seguir el ritmo del niño. Si no tiene ganas de leer el libro, déjelo para otro momento.
- A menudo, la hora de dormir no es el mejor momento para leer libros sobre temas que puedan generar preguntas en los niños. Podría incluso causar problemas para dormir. La primera vez que lean este libro evite hacerlo justo antes de dormir.
- Pida al niño que elija a una o varias personas con quienes pueda hablar cuando tenga preguntas, o con quien desee hablar de sus sentimientos. Puede que elija a sus padres; sin embargo, a veces los niños quieren proteger a su familia de la tristeza y prefieren elegir a un buen amigo o familiar que esté menos afectado.
- No espere una reacción específica del niño. Está bien si no muestra las emociones que usted esperaba.
- Cuando se aborde cada uno de los sentimientos en el libro, considere hacerle a su niño o a su grupo una o dos preguntas adicionales. Puede ofrecerles la oportunidad de compartir sus respuestas, pero nunca los presione a hacerlo si no lo desean. Ejemplos de preguntas:

¿Alguna vez te has sentido así?   ¿Cuándo te sientes así?
¿En qué parte del cuerpo lo sientes?   ¿Qué piensas cuando te sientes así?
¿Hay algo que te ayude cuando te sientes así?

Actividades que combinan bien con este libro:

Realizar una actividad práctica y participativa puede ser una forma adecuada para que los niños procesen y comprendan mejor después de leer este libro. Los niños pueden usar colores para simbolizar sus sentimientos. Permítales cambiar de parecer sobre lo que cada color representa. Por ejemplo, el rojo no representa "enojo" a todo el mundo. También, considere preguntar si tienen otros sentimientos no mencionados en el libro que les gustaría agregar. Después de leer considere introducir una de las siguientes actividades:

-Colorear un contorno humano que muestre los diferentes sentimientos que experimenta y en qué parte de su cuerpo los siente. (Hay una hoja de trabajo gratuita disponible en www.wordsworthrepeating.com)

-Crear una pulsera que simbolice cómo se sienten. Podrían usar mucho de un mismo color y menos de otro para mostrar lo que han estado sintiendo.

-Use un calendario mensual. Cada día, pida al niño que coloree la casilla correspondiente de un color o colores. Después, vuelva a revisar para ver si pueden notar algún cambio o tendencia.

-CUALQUIER otro proyecto de arte que utilice una variedad de colores como un mosaico, arte abstracto, acuarelas, papel de seda, frascos para velas, mezclar colores de plastilina, etc.

En honor a cada familia que ha confiado en Walk With You
(Caminar Contigo) en su viaje de duelo.
Nos sentimos privilegiados de caminar con cada familia,
las del pasado y las del futuro,
después de sus devastadoras pérdidas.
Que ninguna familia jamás tenga que caminar sola.

Alguien especial murió.

Me siento triste. Todos nos sentimos tristes.

Pero también siento
otras cosas.

Cuando mis sentimientos se hacen grandes, puedo sentirlos en diferentes partes de mi cuerpo.

Un sentimiento grande puede sentirse como un dolor de estómago, un dolor de cabeza, una energía extraña, no poder dormir, estar estancado en un estado de ánimo, no poder concentrarse, o algo diferente.

Cada persona siente sentimientos grandes de manera diferente.

Me pregunto si tú también
has sentido lo mismo.
Es normal tener muchos
sentimientos
después de la muerte de
alguien especial.

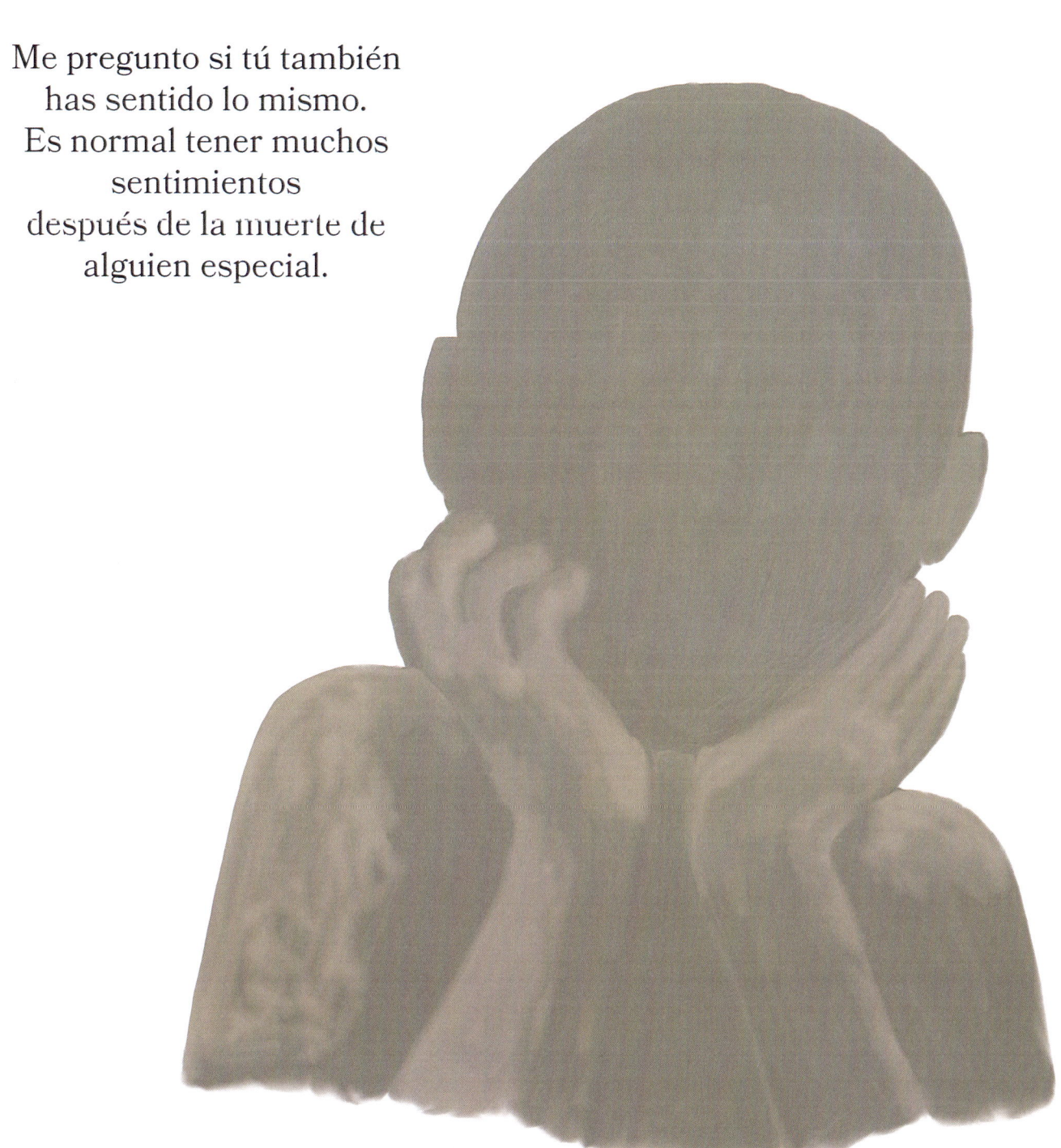

Me siento enojado. No me parece justo.
Veo personas por todas partes que no
han perdido a alguien especial.
Me enoja.

A veces, tú también puedes sentirte
enojado, y eso está bien.

Me siento aliviado. Me alegra saber que
mi ser querido no sufre más.
Ya no puede sentir dolor.

Sentir algo bueno tras la muerte de
alguien especial puede ser confuso,
pero es normal y aceptable pensar
en cosas buenas sobre
la muerte de alguien.

Me siento solo y, a veces, excluido.
Todos los demás aún pueden hacer cosas con
su persona especial. Siento que soy el único
que echa de menos a alguien especial.

Si te sientes excluido, no eres el único.
Mucha gente se siente sola.

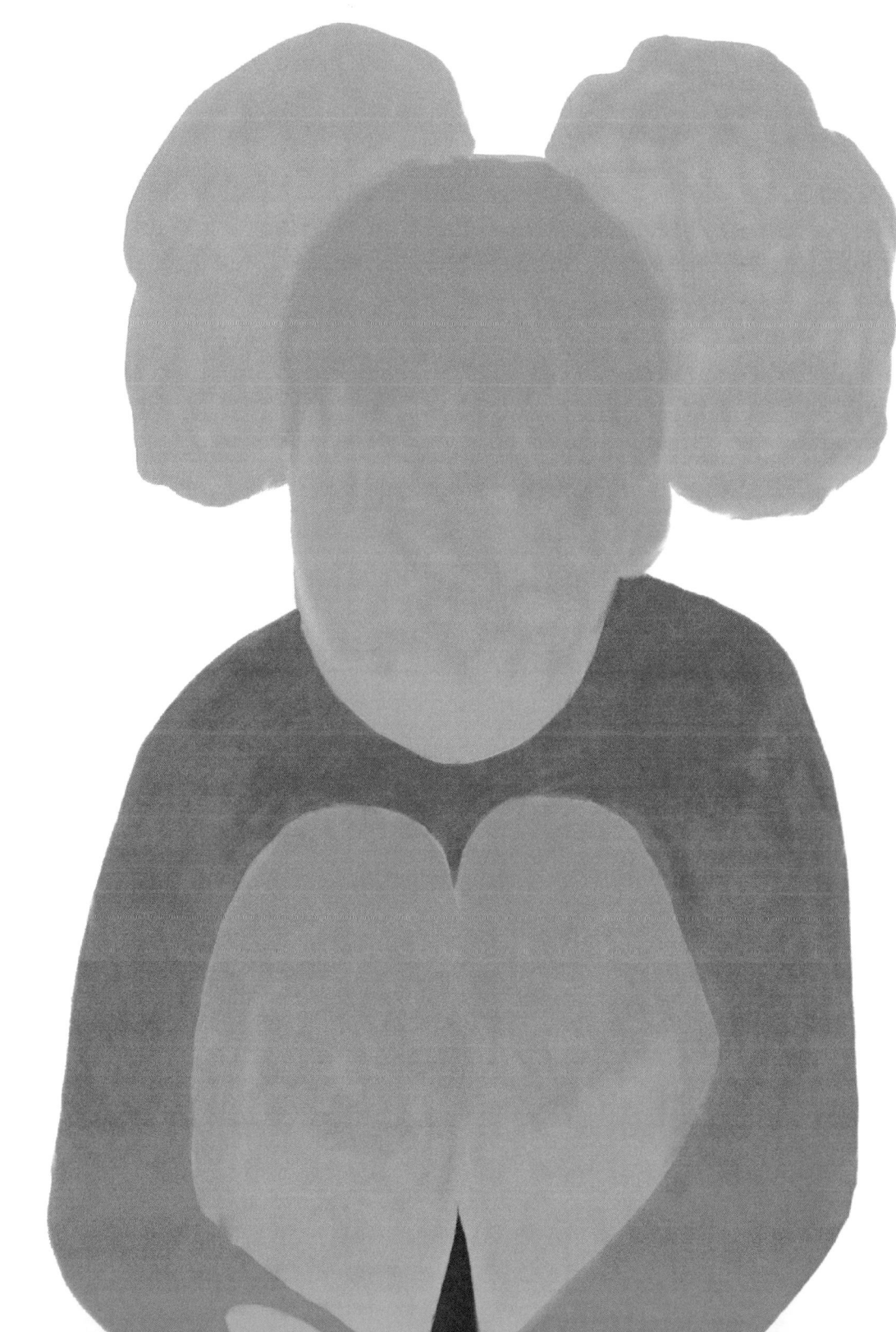

Me siento estresado. Pienso en mi hogar,
mis amigos, mi familia y en las cosas que
me gusta hacer.

Me preocupa mi vida y en cómo podría cambiar.
Los cambios pueden ser difíciles.

Diferentes cosas pueden ser estresantes
dependiendo de cada persona. Si te
sientes estresado, hay cosas que pueden ayudar.

Siento curiosidad. Tengo muchas
preguntas sobre la muerte.

A veces, me pregunto si
está bien hablar de ella. Los adultos
quizá no sepan qué decir porque
no tienen todas las respuestas, pero
la muerte es algo de lo que
se puede hablar.
¿Qué te preguntas?

Me siento preocupado.
Cuando alguien muere, puede hacer que las personas se preocupen por nuevas y diferentes cosas.

Es normal que tengas preocupaciones.
¿Con quién hablas cuando te sientes preocupado?

Incluso, a veces me siento un poco feliz.
Me alegro tanto de que mi ser querido haya
estado en mi vida. Mis recuerdos me hacen
sonreír. Me alegra que me hayan ayudado
a convertirme en la persona que soy hoy.

Después de que alguien muere, está bien
sentirse feliz. También, está bien reír.

Siento esperanza.
Sé que vendrán días más felices.
Sé que esta persona especial siempre será parte
de quien soy, y por eso, también formará parte
de mis días felices.

La esperanza es saber que llegarán cosas buenas,
aunque ahora mismo parezca difícil.

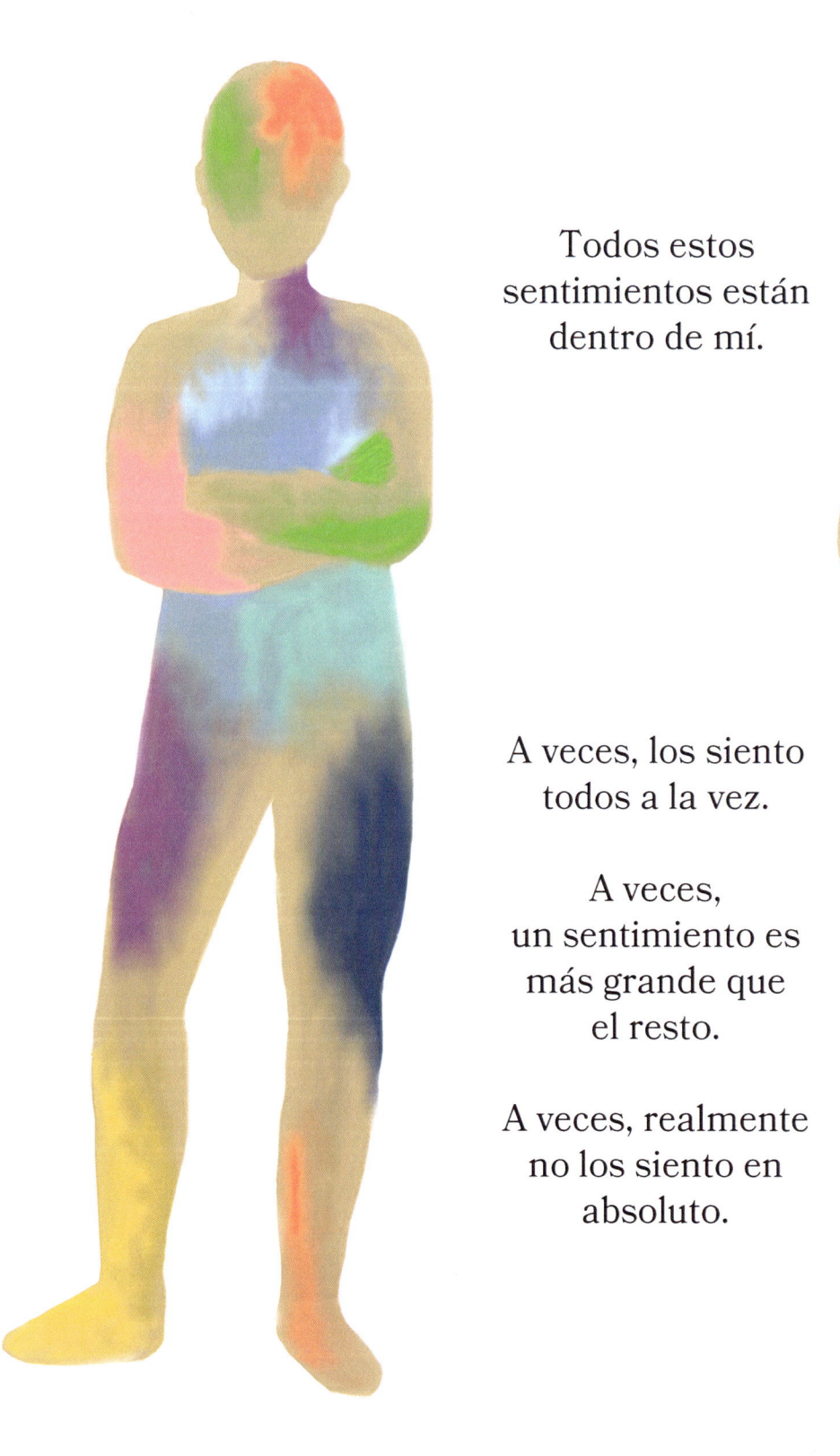

Todos estos
sentimientos están
dentro de mí.

A veces, los siento
todos a la vez.

A veces,
un sentimiento es
más grande que
el resto.

A veces, realmente
no los siento en
absoluto.

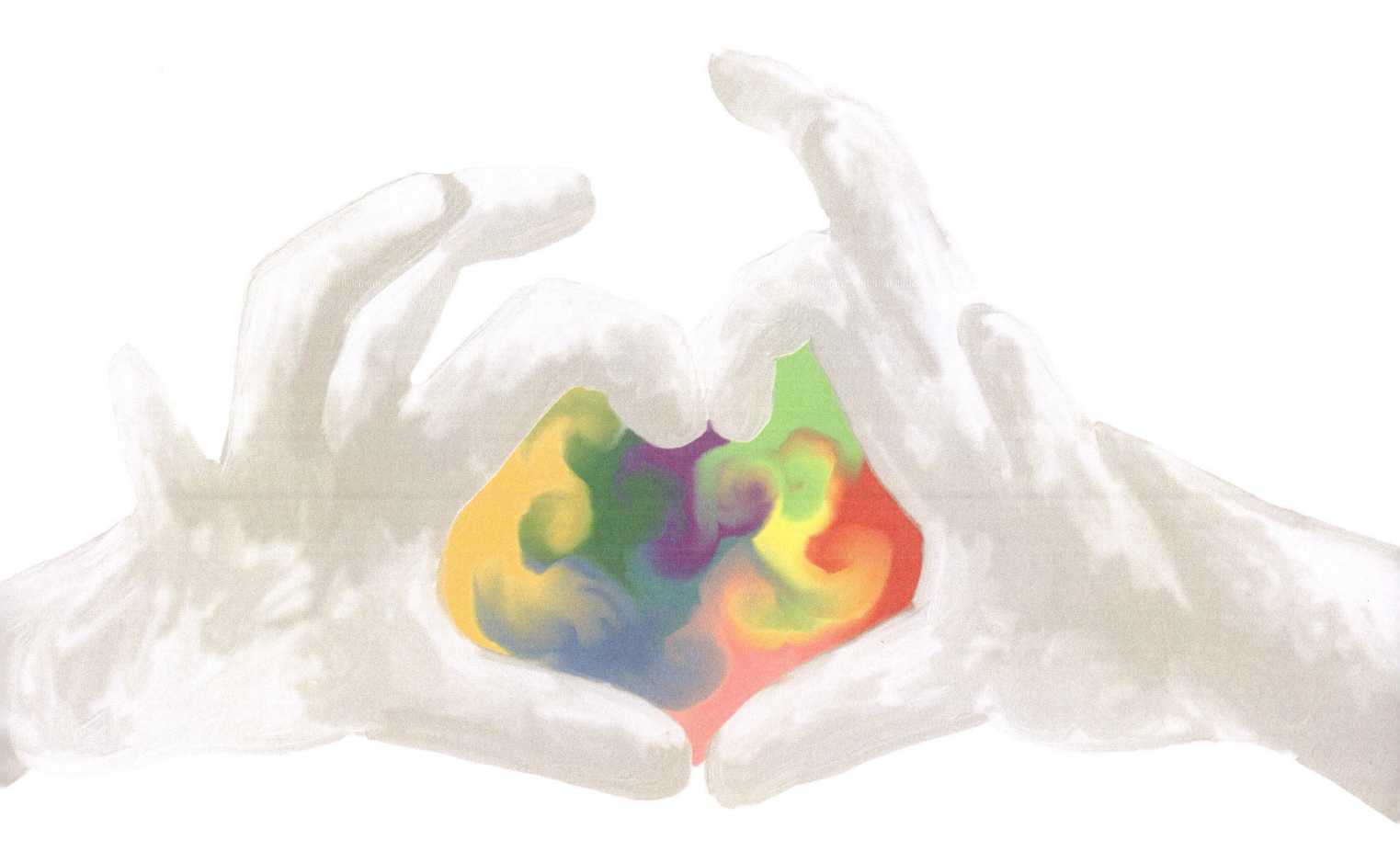

Está bien.

Mi ser querido siempre será especial para mí,
incluso cuando los sentimientos sean menores,
o cuando no piense en ellos.

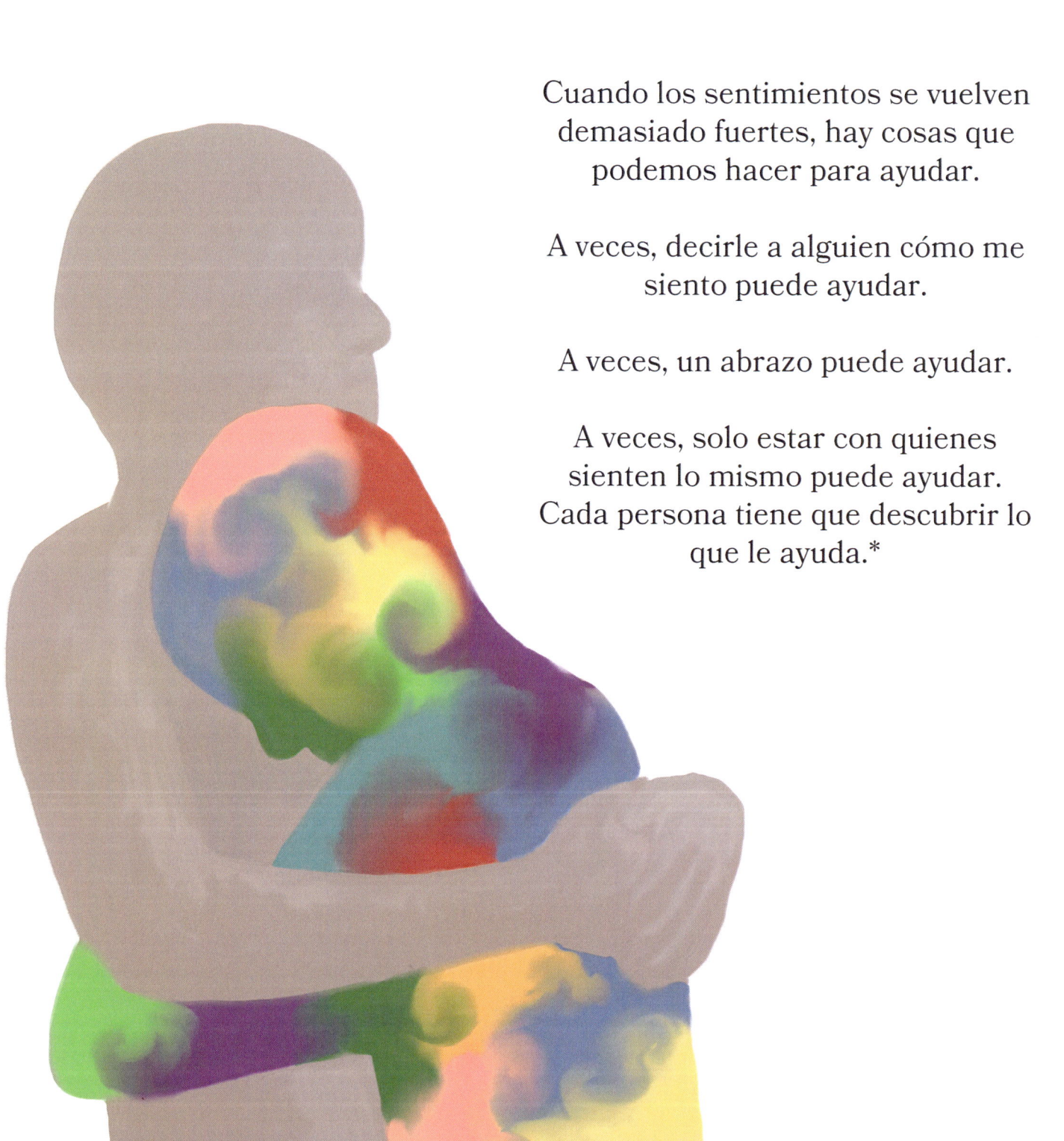

Cuando los sentimientos se vuelven demasiado fuertes, hay cosas que podemos hacer para ayudar.

A veces, decirle a alguien cómo me siento puede ayudar.

A veces, un abrazo puede ayudar.

A veces, solo estar con quienes sienten lo mismo puede ayudar. Cada persona tiene que descubrir lo que le ayuda.*

Después de que alguien muere,
todos estos sentimientos muestran
lo especial que realmente era esa persona.

Mi persona especial se ha convertido en parte de quien soy.

La vida especial de mi ser querido siempre será parte de mí.

* En las siguientes páginas se comparten algunas ideas que pueden ayudar con los sentimientos grandes.

Recuerde: estas ideas pueden ser insuficientes. Un profesional de la salud mental puede ayudar a niños y adultos a procesar y trabajar en sus sentimientos. Si el niño aún no cuenta con el acompañamiento de un profesional de la salud mental, pueden conectarse a través de su escuela, su pediatra o de alguna organización comunitaria de duelo.

Triste.

Encuentra maneras de expresar tu tristeza. A veces, tomarse un tiempo para sentirse realmente triste puede hacer que sea más llevadero. Aquí tienes algunas ideas que pueden ayudarte cuando te sientas muy triste:

Diario. Escribe solo para ti o para compartir.

Crea. Dibuja, pinta, crea algo con arcilla. No intentes que sea perfecto, simplemente haz lo que te haga sentir bien.

Llora. Algunas personas se sienten un poco mejor después de llorar. Puedes poner un cronómetro y marcarte un límite, o puedes encontrar un momento para llorar hasta que no puedas más.

Abrazos. Quédate cerquita de las personas que te quieren. Pide un abrazo o acurrúcate con alguien que amas.

Habla. Elige a alguien con quien te sientas cómodo hablando. Cuando estés listo para dejar de hablar de ello, también puedes decírselo.

Amigos. Cuando sea el momento adecuado, la distracción puede ayudar. Tómate un descanso. Haz algo divertido. Eso nunca significará que ya no estás tristes ni que tu persona especial no importa.

Crea un espacio conmemorativo. Crea un rincón especial en tu casa al que puedas ir cuando quieras pensar en tu ser querido. Puedes decorar un frasco y ponerle una vela. Puedes decorar un marco y poner la foto de tu ser querido. Puedes crear una piedra para el jardín o plantar un árbol bajo el cual puedas sentarte. Tener un espacio especial para recordarlo puede hacerte sentir que en tu vida hay un lugar para la tristeza.

Salgan. Cuando la tristeza agobia, el aire fresco y el sol pueden hacerte bien.

El tiempo. No hace que la tristeza desaparezca, pero tu tristeza podría sentirse diferente con el tiempo. Habrá momentos en tu vida en los que tu tristeza se sentirá más grande o más pequeña. Cuando sientas una gran tristeza, recuerda que habrá días en los que esa tristeza se sentirá diferente.

Enojado:

Cuando estés enojado, hablar de ello puede ayudar, pero más aún, si puedes expresarlo con el cuerpo. Puede ser útil desahogar la ira antes de que explote. Explotar significa que una persona no puede controlar su enojo. Aquí hay algunas medidas seguras que podrían ayudar cuando te sientas enojado:

Haz una diana. En ella, escribe todo lo que te enoja. Lanza bolitas de algodón mojadas o dispárale agua o pintura.

Encuentra o haz una almohada para golpear. Encuentra una almohada vieja o compra una en la tienda. Decora una funda de almohada con marcadores permanentes o tie-dye. Pégale con todas tus fuerzas, tantas veces como quieras.

Hora de gritar. Ve a tu habitación y cierra la puerta. ¡Grita, alza la voz, sácalo! Gritar solo en tu habitación puede evitar que le grites a tus amigos o a los familiares que te quieren.

Aliviado:

No te sientas mal por encontrar cosas buenas en la muerte de tu ser querido. La vida está llena de equilibrio. Aunque cueste verlo, nada es completamente bueno ni completamente malo. Es normal sentir diferentes tipos de alivio, incluyendo:

Sentirse bien porque tu ser querido ya no sufre. Recuerda que, una vez muerto, el cuerpo ya no siente dolor.

Alegrarse de que la muerte no haya afectado otros planes. Quizás te sientas aliviado de que esa persona no haya fallecido el día de tu cumpleaños o de que aún puedas ir a tu recital de baile. Es normal pensar en cómo una muerte afectaría tu vida.

Estresado:

Una muerte puede cambiar muchas cosas. A las familias les puede llevar tiempo comprender cómo funcionarán las cosas tras la muerte de un ser querido. Una de las mejores maneras de aliviar este tipo de estrés es hablar de ello. Aquí tienes algunas ideas para aliviar este tipo de estrés:

Conversaciones familiares. Si se avecinan cambios, es importante hablar de ellos en familia. Asegúrate de contarles cómo te sientes con estos cambios. También es importante hablar sobre cómo tu familia volverá a la "nueva normalidad". Habla con tu adulto de confianza sobre cuándo y cómo quieres retomar tus actividades. No hay un límite de tiempo ideal para tomar un descanso. Los adultos pueden ayudarte a hablar con tu escuela para encontrar la mejor opción. Si te preocupan las calificaciones, tú y tu cuidador pueden hablar con la escuela. Tras un fallecimiento, muchas escuelas pueden ajustar las expectativas y los plazos de entrega.

Ten un plan para los días difíciles. ¿Qué deberías hacer si decides ir a entrenar y al llegar sientes que no puedes? Planifica qué hacer si lo estás pasando mal y pregúntale a tu adulto de confianza qué hacer si quieres irte antes.

Practica conversaciones difíciles. Piensa en lo que quieres decirles a tus amigos, compañeros de clase, etc. Saber lo que quieres decir puede hacer que te sientas menos estresado sobre lo que pueda surgir en una conversación. (Incluso si tienes un plan de lo que quieres decir, también está bien decidir que ya no quieres hablar de ello).

> **Consejo para familias: ¡Acepten ayuda!** Cuando las personas se ofrezcan a ayudar o a apoyar a su familia después de un fallecimiento, hay muchas formas de hacerlo. Estas son las personas que pueden llevar a los niños a sus actividades, ayudar a decorar la casa para las fiestas, hacer trabajos de jardinería, asegurarse de que los niños tengan lo necesario para la nueva temporada, etc. Si organizar todo esto les resulta abrumador, incluso pueden pedirle a una de estas personas que les ayude a coordinar el apoyo.
>
> No están solos, permitir que las personas los acompañen en su duelo puede aliviar parte del estrés.

Solo y excluido:

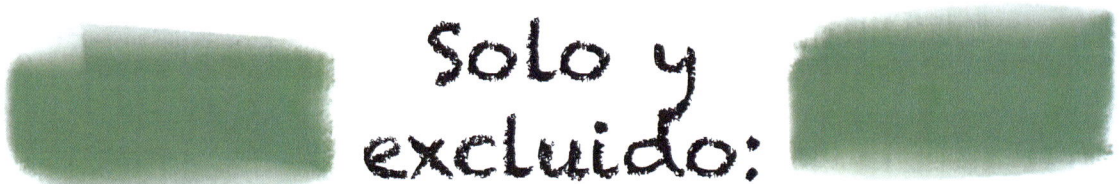

Siempre que sea posible, piensen con anticipación. En familia, pueden hablar sobre diferentes situaciones que pudieran surgir y qué pueden hacer para sentirse menos excluidos. Aquí hay otras cosas que podrían ayudar:

No mantengas la muerte en secreto. Muchos niños creen que mantenerlo en secreto les evitará sentirse como el "niño raro". No tienes que contárselo a todo el mundo, pero puede ser útil tener una conversación con tus profesores y entrenadores. Si se lo cuentas a algunos de tus amigos más cercanos, te sentirás menos solo.

Piensa con anticipación. Habla sobre diferentes situaciones que podrían hacerte sentir excluido. Practica diferentes cosas que podrías decir cuando surja hablar de tu ser querido.

Haz un plan para las fiestas. Las fiestas pueden ser especialmente estresantes. Cuando se acerque una, haz un plan con tu adulto de confianza. Probablemente tengas cosas que siempre has hecho con tu ser querido. Habla sobre si quieres mantener esa tradición o cambiarla para este año.

Curiosidad:

Cuando tienes curiosidad, siempre ayuda a que aprendas más.

Lee un libro. Existen muchos libros para niños sobre la muerte. Tu cuidador puede ayudarte a encontrar buenos libros para responder a tus preguntas.

Visita y haz preguntas. Muchas funerarias ofrecen visitas guiadas. También puede ser interesante visitar un cementerio.

Aprende sobre tradiciones y culturas. Cada cultura tiene diferentes tradiciones y creencias sobre la muerte. A veces, aprender sobre estas creencias puede ayudarnos a comprender ciertas tradiciones.

Recuerda, no siempre existe una respuesta para todas las preguntas. Quizás tengas preguntas para las que nadie tenga respuesta. Nadie sabe exactamente qué se siente al morir. Mucha gente se pregunta muchas cosas sobre la muerte.

Preocupado:

Cuando estás preocupado por algo, puede ser difícil sacar esas preocupaciones de tu cerebro, especialmente a la hora de ir a dormir.

Habla con alguien. Cuéntale tus preocupaciones a un adulto de confianza. Quizás pueda explicarte algo que te ayude a preocuparte menos.

Busca una manera de desahogarte. Puedes sostener una piedra de preocupación o un muñeco de preocupaciones y, antes de dormir, contarle todo lo que te preocupa.

También puedes escribir tus preocupaciones y luego romper el papel.

Palabras. Encuentra una oración, un poema o una frase que te ayude a sentirte seguro

Feliz y esperanzado:

A veces, tras una muerte, la felicidad surge al pensar en los buenos recuerdos. La esperanza puede surgir al saber que esa persona especial querría que fueras feliz.

Cuéntale a la gente sobre tu persona especial. Tu ser querido seguirá contribuyendo a un mundo mejor, cuando hables de él a los demás.

Escribe y crea. Cuando pienses en las cosas buenas, escríbelas o crea algo especial. Si te dan ganas, comparte lo que hagas con los demás.

Mira fotos antiguas. Esto puede ser una forma de enfocarte en sentimientos y recuerdos felices.

Ríete. Si piensas en algo tonto o gracioso, cuéntaselo a los demás. Rían juntos.

Sigue haciendo lo que te gusta. Recuerda que tu persona especial querría que fueras feliz.

Ponte algo que te conecte con esa persona. Podrías usar su color favorito o una joya que te recuerde a ella.

Reúnete con otras personas que lo extrañan. Hacerlo de vez en cuando o en un día especial puede ayudarte a crear nuevos recuerdos y a sentirte conectado con esa persona especial.

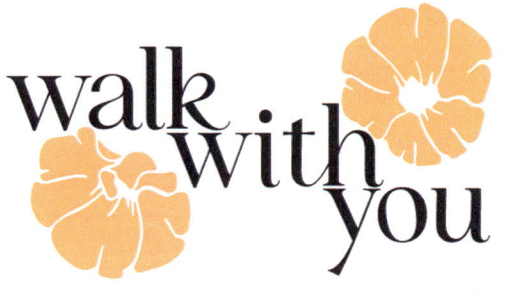

Walk With You (Caminar Contigo) es una organización sin fines de lucro fundada en el centro de Iowa en 2022.
Walk With You encargó la creación de este libro como una forma de "caminar" junto a las familias con niños en duelo.

Walk With You cree que nadie debería tener que caminar solo. Independientemente de los antecedentes familiares, cultura o conjunto de creencias. Walk With You acompaña a la familia justo en el lugar y momento preciso. Ya sea que una familia esté anticipando la pérdida de un hijo, o esté experimentando la nueva pérdida de un hijo, o hayan pasado años desde la pérdida de un hijo, Walk With You trabajará para conectarlos con el apoyo que necesiten.

Conozca más sobre los servicios y tipos de ayuda que ofrecen en su sitio web: www.walkwithyounonprofit.org

Facebook: @Walk With You   Instagram: @walkwithyounonprofit

Words Worth Repeating

Words Worth Repeating (Palabras que Vale la Pena Repetir), es una organización que ayuda a las familias a tener conversaciones difíciles e importantes, creando libros que brindan palabras amables y honestas.

Words Worth Repeating colabora con organizaciones sin fines de lucro, apasionadas por brindar a las familias recursos útiles. Además, Words Worth Repeating crea libros personalizados para familias que no encuentran la herramienta que buscan.
Obtenga más información sobre el proceso y explore los numerosos títulos de Words Worth Repeating en su sitio web: www.wordsworthrepeating.com

Facebook: @WordsWorthRepeatingBooks   Instagram: @words.worth.repeating